L'AMOUR
À
H...

ROLAND TOPOR

L'AMOUR
À VOIX HAUTE

MOTS
PROPOS
RÉPLIQUES
ÉCHANGÉS AU COURS
DES ÉBATS
AMOUREUX

Maquette : Daniel Leprince
Dépôt légal : février 1998
ISBN : 2-84230-043-2

AVANT-PROPOS

Pendant l'acte amoureux, les partenaires manifestent une grande diversité de comportements oraux.

Entre baisers profonds et embrassades en tout genre, les uns ne se départissent pas d'un mutisme farouche tandis que d'autres, intarissables, redécouvrent le pouvoir créateur du verbe.

Une même cause ne provoque pas toujours les mêmes effets.

En atteignant le paroxysme de la jouissance, certains semblent soumis à la torture et poussent des beuglements à faire dresser les cheveux sur la tête, d'autres, incorrigibles bavards, éprouvent le besoin impérieux de commenter à chaud ce qui se passe en eux, communiquant observations, encouragements, informations, confidences, directives et réflexions philosophiques ou saugrenues.

Il est vrai que les ébats amoureux ont pour acteurs une infinité de personnages, qui varient par l'âge, le physique, le milieu social, les motivations aussi bien que par le sexe. Les lieux de rencontre ne sont pas moins différents, puisque les circonstances peuvent pousser des partenaires à s'aimer sur une plage, dans un sous-bois, dans une étable, sur l'herbe tendre du gazon, dans des moyens de transport, bateaux, voitures, carrioles, avions, trains, dirigeables, monte-charges, ou même dans un lit.

Ce que disent les protagonistes de ces cérémonies secrètes n'est pas si facile à connaître. Les mots montent spontanément aux lèvres et s'envolent sans marquer les mémoires. Au hasard d'un séjour dans une chambre d'hôtel ou chez des amis, il nous arrive de surprendre derrière une cloison trop mince des paroles entrecoupées de halètements. Nous en ressentons une gêne qui tourne souvent au fou rire.

Les propos entendus ne ressemblent guère à ceux dont nous avons l'habitude en société. Crus, vulgaires, naïfs, tendres, émouvants ou ridicules, ils ponctuent cependant l'activité favorite d'adultes en état de crise.

Le bouche à oreille compte autant que le corps à corps.

Les paroles s'ajoutent sans qu'on songe à en tirer une somme, même si certains en ont fait des chansons.

D'autres entendeurs, voyeurs aux grandes oreilles, les ont notées soigneusement dans de petits carnets qu'ils prétendent, à tort ou à raison, remplis de perles.

Brillat-Savarin classait le sens génésique à la suite des cinq autres, et le considérait même comme le plus puissant puisque les incluant tous. Les sens sont nos moyens de connaissance du monde réel qu'ils nous permettent de conceptualiser. Chacun d'entre eux génère une terminologie spécifique afin de désigner les émotions qu'il provoque et permettre de les définir en les analysant. Le sexe inspire lui aussi un langage propre à son champ d'exploration.

Je livre ici un choix des répliques de ma collection, commencée dans la fièvre il y a une quarantaine d'années, et comprenant aujourd'hui plus de quatre-vingt mille pièces, dont cependant beaucoup ne sont que des variantes tournant autour de mêmes thèmes centraux.

Certaines sont affligeantes de vulgarité, d'autres frisent la pornographie. Nous ne les avons pas inventées, notre rôle s'est limité à les retranscrire. Notre motivation est purement scientifique et humaniste.

Si j'ai accepté, non sans réticence, de rendre publics ces fragments d'intimité, c'est qu'ils sont indispensables à la connaissance de l'animal humain.

Il s'agit d'un trésor injustement négligé de notre longue tradition orale dont pourront tirer profit les nouvelles générations issues de ces modestes événements que le Kama Sutra nomme congrès.

Pour accompagner ces lignes, qui constituent grâce au génie du hasard un sublime poème érotique ou encore une pièce d'art dramatique improbable, j'ai choisi un certain nombre d'images singulières dont le principal mérite est l'absence de signification.

AVERTISSEMENT
A quelques rares exceptions près,
tous les mots et expressions
ayant une forme masculine peuvent se mettre
au féminin et réciproquement.

JE T'AIME

TU M'AIMES?

JE T'AIME BIEN

JE
T'ADORE

RETIRE TON SLIP

OUVRE TA CEINTURE

JE SUIS FOLLE DE TOI

J'AI ÉTÉ SÉDUIT
AU PREMIER
COUP D'ŒIL

DÉBOUTONNE-TOI

ENLÈVE TON CHAPEAU

COMMENT
ON DÉFAIT
CE MACHIN?

TON ZIP EST COINCÉ

J'AI LES POILS PRIS

TU AS LA PEAU SUCRÉE

TU SENS
LA VANILLE

TES LÈVRES
SONT SALÉES

FAISONS
CONNAISSANCE

**TU AS BIEN FAIT
DE ME DRAGUER**

AU MOINS
TU ES DIRECTE !

ON M'APPELLE
« SAUTE AU PAF »

TU PRÉFÈRES
QUOI
EN MOI ?

**DIS-MOI
QUELQUE CHOSE
DE GENTIL**

**DIS-MOI
DES TRUCS
OBSCÈNES**

J'AIME LES TERMES CRUS

LÈCHE-MOI LE LOBE

TU M'EXCITES

MONTE SUR MES CUISSES

OUVRE LES GENOUX

JE DÉRAPE

JE SUIS EN ÉQUILIBRE
INSTABLE

TU ME GRIFFES

**J'ESSAIE
DE ME DÉBARRASSER
DE MON PANTALON**

J'AI TES BAS
AUTOUR
DES CHEVILLES

TU COMPTES
RÉELLEMENT
TE PASSER
CE MACHIN?

SORS L' ARTILLERIE

MONTRE TON ENGIN

TU AS PRIS
UN APHRODISIAQUE?

DÉJÀ !

JE SUIS
UN ÉJACULATEUR
PRÉCOCE

J'AI MAL AUX BOURSES

DÉCHIRE
MA CULOTTE

MES COLLANTS
COÛTENT
LA PEAU DES FESSES

PRENDS-MOI
À LA HUSSARDE

C'EST
DE
LA FRÉNÉSIE

GUEULE MOINS FORT,
J'AI DES VOISINS CHIANTS

À QUOI TU PENSES?

TU VAS ME MÉPRISER

TAIS-TOI

TU ME FAIS
VIBRER

LAISSE-MOI
ME CONCENTRER

TON MINOU
A LA LANGUE ROSE

TON ZIZI
EST GUÉRI ?

TU MÉRITES
UN PRIX
DE
CONCUPISCENCE

NE
JOUE PAS
LA FEMELLE
EN
CHALEUR

J'AI TROP
D'HORMONES

PLUS VITE

MOINS VITE

TU ME DÉCHIRES

TU M'ÉCORCHES

FORT

MOINS FORT

PLUS FORT

JE VAIS
À L'ALLURE
QUE JE VEUX

J'AIME
FAIRE
L'AMOUR

JE PASSERAIS
MA VIE AU LIT

TU ES UNE PASSIONNÉE

METS TES CHEVILLES
DERRIÈRE MA NUQUE

**NOUE TES JAMBES
AUTOUR
DE MON COU**

TU PARS
AU QUART DE TOUR

ON DIRAIT
UN MARTEAU-PIQUEUR

TU ME DÉFONCES
LE FONDEMENT

TES SEINS
BALLOTTENT

JE TRIQUE FERME

APPUIE-TOI AU MUR

AGRIPPE-TOI
AU BORD DU LIT

EST-CE QU'ON A
FERMÉ LA PORTE ?

ATTENTION
À LA STATUETTE

TU AS RENVERSÉ
LE CENDRIER!

ALLONGE-TOI

TU NE TROUVES PAS
MES SEINS
TROP PETITS?

J'AI HORREUR
DE MES SEINS,
ILS SONT TROP GROS

TU TE FAIS ÉPILER?

TU AS UN GROS VIT

**TU AS
UNE
PETITE
QUEUE**

ELLE EST MOLLE

JE VAIS TE MANGER
TOUTE CRUE

**TU AS UNE TAILLE
DE
GUÊPE**

ON EST SUR UN NID
DE FOURMIS ROUGES!

JE VIENS DE TIRER
SIX MOIS
DE CHASTETÉ FORCÉE

DOUCEMENT

CALME-TOI

J'AI DES PALPITATIONS

JE N'Y ARRIVE

COMME ÇA,
C'EST BIEN

TU VAS ME L'ARRACHER

LAISSE TOMBER
LES BONNES MANIÈRES

OUBLIE
TA VANITÉ MASCULINE

NE SOIS PAS HYSTÉRIQUE

ON VA CROIRE
QUE JE T'ASSASSINE

JE SUIS RECHERCHÉ
PAR LA POLICE

JE VOIS **BRILLER**
TES YEUX

JE VOIS **LUIRE** TES DENTS

JE LA SENS
DANS MON VAGIN

TU VAUX
QUAND MÊME MIEUX
QU'UNE POUPÉE
GONFLABLE

ACTION !
MICTION

SANS BLAGUE, IL Y A
ENCORE DES CEINTURES
DE CHASTETÉ ?

TU T'ENDORS

C'EST MOU

C'EST DUR

QU'EST-CE
QUE TU ATTENDS?

ON VIENT DE ME VIRER
DE MA BOÎTE

TRINGLE-MOI

JE PRÉFÈRE LA POSITION
DU MISSIONNAIRE

69

UN PEU DE BONNE
VOLONTÉ

ELLE RAIDIT
DANS MA MAIN

ELLE PALPITE
COMME UN OISEAU BLESSÉ

C'EST NOUVEAU, ÇA!

LES SPERMATOS
SONT LÂCHÉS

ENCORE UNE FOIS,

**ENCORE
UNE FOIS!**

TU ES INÉPUISABLE

**JE NE SAVAIS PAS
QUE TU ÉTAIS
UN ÉTALON**

**TU AS UNE LANGUE
DE CAMÉLÉON**

J'AI UNE AMIE
QUI Y ARRIVE

ON EST QUEL JOUR?

NON, PAS DE PÉNÉTRATION

**SORS
ENTRE**

J'AI MES RÈGLES

JE SUIS STRESSÉE

À QUOI SERT
CE HARNACHEMENT?

JE SUIS LA REINE DU HARD

DONNE-MOI TA FIGUE

JE VEUX TE FOURRER
TOUTE LA NUIT

TU M'ASPERGES

JE NE COMPRENDS PAS
TON IDÉE

BORNE-TOI À BUTINER

PLANTE TON LINGAM
DANS MON YONI

IL FAUDRA QUE
TU TE RETIRES À TEMPS

JE SUIS EXPERT
EN COÏTUS INTERRUPTUS

EMPALE-MOI

ARRÊTE DE GIGOTER

ON M'A RETIRÉ L'UTÉRUS

TU ME FERAS PENSER
À TÉLÉPHONER CHEZ MOI

**MON MARI
M'ATTEND EN BAS**

C'EST MOI QUI FAIS
TOUT LE BOULOT

J'AIME
LES VRAIS
MACHOS

NE SOIS PAS MISOGYNE

QU'EST-CE QUE TU FICHAIS
À PIGALLE?

JE SUIS FÉMINISTE
ET FIÈRE DE L'ÊTRE

JE NE SUPPORTE PAS
LES BONNES FEMMES

ESSUIE-TOI

MOUCHE-TOI

TU BAVES

TU ME FAIS MAL

SAUTE LES PRÉLIMINAIRES

DESCENDS

LES GRANDES EAUX
À PRÉSENT!

POURQUOI TU PLEURES, IDIOTE?

AÏE!
OUILLE!

PRENDS TON TEMPS

JE PRENDS MON PIED

ON S'EMBOÎTE BIEN

TU SENS LE FAUVE

**J'AI L'ODEUR FORTE
DES ROUSSES**

DÉPOSE TA LAITANCE

TU NE M'AIMES PLUS?

JE
T'ADORE

NE CHANGE PAS DE MAIN

C'EST MAGIQUE

TU ME BOTTES

ON ÉTAIT FAITS
L'UN POUR L'AUTRE

ON AURAIT DÛ
SE RENCONTRER PLUS TÔT

TU AS
LA BONNE TAILLE

JUSTE À MA DIMENSION !

QUEL BONHEUR !

QUEL DÉLICE !

TU ME TROUBLES

JE N'AI PAS
TON EXPÉRIENCE

TU ES NOVICE?

JE SUIS FIANCÉE

J'AI UNE DOUBLE VIE

TU AS UNE EXPRESSION
BIZARRE

REFAIS CE GESTE

TU ES BIEN
PROPORTIONNÉ

ÉLOIGNE TA SALETÉ
DE CLÉBARD!

COUCHE-TOI

REDRESSE-TOI

RETOURNE-TOI

ASSIEDS-TOI

FAIS LE TOUR
PAR-DERRIÈRE

CHAUD DEVANT!

ÉCARTE
LES CUISSES

REPLIE TON BRAS

FAIS LE PONT

PASSE PAR-DESSOUS

VIENS DANS MES BRAS

JE VEUX TE VOIR

METS-TOI
DEVANT LE MIROIR

ÉTENDS LES JAMBES

JE SOUFFLE UN PEU

NE CHANGE PAS
DE RYTHME

TIENS LA CADENCE

SUCE

LÈCHE

ASPIRE

JE NE SENS PLUS RIEN

PAS LÀ

PAS MAINTENANT

C'EST MIEUX COMME ÇA

PARDON !
PARDON !

EXCUSE-MOI

JE SUIS DÉSOLÉ

TU ES MONTÉE
SUR ROULEMENT À BILLES

ON DIRAIT DE LA COLLE
BLANCHE

JE N'EN PEUX PLUS

JE TOMBE
DE FATIGUE

J'AI LES YEUX
QUI SE FERMENT

J'AI DU MAL
AVEC LES CAPOTES

JE VAIS TE FAIRE
UNE GÂTERIE

NE BOUGE PLUS

QUI T'A APPRIS ÇA ?

LA TÊTE ME TOURNE

J'AI LE VERTIGE

VA JUSQU'AU BOUT

ÉPONGE-TOI
JE TE DÉSIRE

TU AS PEUR
DE CONCLURE

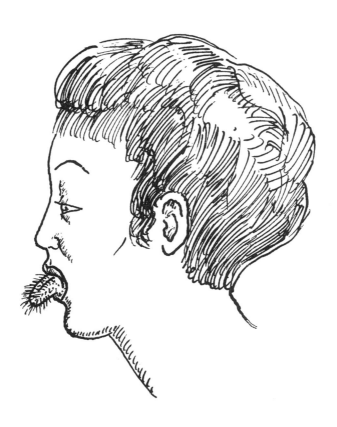

JE T'INHIBE ?

TU ME PARALYSES

GREFFE TON ORGANE

FAIS-MOI PLAISIR

NE DISCUTE PAS

TU AS L'AIR BIEN SAGE

LA VOLUPTÉ MONTE EN MOI

TU ME CAJOLES

TORTILLE

ONDULE

ON EST COINCÉS !

J'AI UNE CRAMPE

TON COUDE !

TON GENOU !

VIOLE-MOI

TRAITE MOI
COMME UNE PUTE

ATTENDS,
JE VAIS ESSAYER
DE FERMER
LA TÉLÉ
AVEC MON PIED

J'AI UN PETIT CREUX

TU TREMBLES

J'AI DES FRISSONS PARTOUT

TU PEUX CRIER
AUTANT QUE TU VEUX

METS-TOI À GENOUX

C'EST ÉLASTIQUE

**TU AS L'AIR
SI VULNÉRABLE !**

JE FONDS

VIDE TES COUILLES

JE NE SUIS PAS UNE LADY

**MON CLITORIS
EST AILLEURS**

MON SAC
DOIT SE TROUVER
DE TON CÔTÉ
AU PIED DU LIT

DÉPÊCHE-TOI,
LE TRAIN
ENTRE EN GARE

C'EST
UNE SALVE D'HONNEUR

J'AI LA POIGNÉE
ENTRE
LES OMOPLATES

JE SUIS DANS UNE IMPASSE

J'AI PEUR DE TE CASSER

ASTIQUE
MA COLONNE

VOUS ÊTES BIEN
TOUTES LES MÊMES

VOUS ÊTES TOUS PAREILS

TU ES ÉTUDIANTE EN QUOI ?

RECORD BATTU

NE SOIS PAS CASTRATRICE

JE SUIS TA PRÉFÉRÉE ?

J'AI L'ANUS
ENCORE FRAGILE

**TU FAIS
DÉBORDER
LA BAIGNOIRE**

METS-TOI SUR ORBITE

TU AS GROSSI

TU PIQUES

**JE N'AI JAMAIS VU
AUTANT DE POILS!**

OÙ EST PASSÉ
MON PRÉSERVATIF?

J'AI ENVIE DE VOMIR

J'AI ENVIE DE TOI

SAUVE QUI PEUT!

RETIRE TA PROTHÈSE

ENLÈVE TON MASQUE
À GAZ

**TU AS GARDÉ
TES CHAUSSURES!**

ENLÈVE TA CRAVATE

ÔTE TON CASQUE

JE NE TE VEUX
QUE DU BIEN

MÉFIE-TOI DES ÉPINGLES

TU VOIS LA DIFFÉRENCE?

**POSE LA TÊTE
SUR MA POITRINE**

**VIENS
ENTRE
MES SEINS**

**TU ME RAPPELLES
MA MÈRE,
MON FRÈRE, MON MARI,
MA FEMME**

TU RESSEMBLES
À DONALD,
À MON PROF D'ANGLAIS,
À LA SAINTE VIERGE

SECOUE-TOI UN PEU

TU AS LES FESSES RÂPEUSES

TA MOQUETTE
ME BRÛLE LE DOS

**J'AIME
TON
CUL**

TU FAIS COMBIEN
DE TOUR DE POITRINE?

FAIS-MOI MAL

J'AI SOIF DE TOI

ATTENDS,
ELLE EST DE TRAVERS

**JE VOUDRAIS
TE PRENDRE
EN PHOTO**

JE T'AI ENREGISTRÉE

OH, LE **PERVERS!**

TU ES VRAIMENT VICIEUSE

ESPÈCE
D'EXHIBITIONNISTE!

LAISSE-MOI FAIRE

J'AIME
TA
CROUPE

TU ES BELLE

TU ES BEAU

DOMMAGE

IL Y A DES TRACES
PAS NETTES

JE VAIS TOUT DONNER
À LAVER

**J'AI LES DOIGTS
QUI COLLENT**

C'EST TOUT MOUILLÉ

JE SUIS SÈCHE

TU ME TIRES
LES CHEVEUX!

MAMAN!

SEIGNEUR, TU RUISSELLES!

ON DIRAIT
UNE PETITE FILLE!

**TU ME FAIS PENSER
À UN PETIT GARÇON!**

HERMAPHRODITE,
C'EST FÉMININ OU
MASCULIN?

J'AI UN CERTIFICAT

À SEC ?

J'AI L'HABITUDE

J'AI RESSENTI COMME
UN COUP DE POIGNARD

TU ES ATTENDRISSANT

JE TE VOIS DOUBLE

RECOMMENCE

JE SUIS BOURRÉ

TU AS LES PIEDS FROIDS

JE M'EN SOUVIENDRAI
DE LA FÊTE
DES MÈRES !

TU SOUFFRES?

JE VOUDRAIS
QUE TU ME FASSES
UN BÉBÉ

SOIS LE PÈRE
DE MES ENFANTS

RETIRE-TOI À TEMPS

JE TE VOIS DOUBLE

TU AS
UN TEMPÉRAMENT
D'ENFER

TON MARI
RENTRE À QUELLE HEURE?

C'EST TA FEMME
SUR LA PHOTO?

À VOTRE SERVICE,
MADEMOISELLE

TU ME RENDS DINGUE

À CHEVAL !

DONNE-MOI
LE COUP DE GRÂCE

ACHÈVE-MOI

JE SUIS MORTE

DOUX JÉSUS
MARIE
JOSEPH !

SANS MOI

JE T'AI
DANS LA PEAU

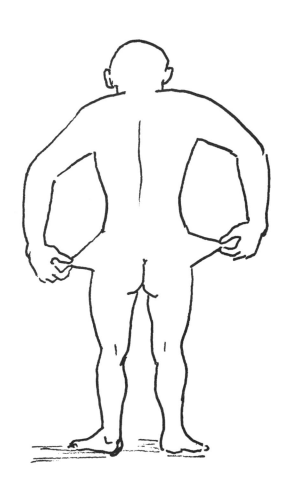

FAIS DE MOI
CE QUE TU VEUX

TU AS DES DOIGTS
DE VIRTUOSE

BRANLE-MOI

BRANLE-TOI

QUE DÉSIRE LA PATRONNE?

MADAME EST SERVIE

IL N'Y A PAS
QUE LE SEXE
DANS LA VIE!

POUR MOI
IL N'Y A
QUE LE SEXE

TU ES
UNE BOMBE
SEXUELLE

TU AS DES YEUX
DE FEMME FATALE

MONTE SUR LA COMMODE

DESCENDS DU LIT

JE NE
TE RECONNAIS
PLUS

JE VAIS TE MONTRER
LA VOIE

TU AS LES DENTS
DE LA CHANCE

JE SUIS TON ESCLAVE

CONTENTE-TOI D'OBÉIR

TU ES UNE GRANDE ROMANTIQUE

SOULÈVE-MOI

TU SORS AVEC MA SŒUR?

UN PEU DE PATIENCE

NE ME BOUSCULE PAS

TU N'ES JAMAIS SINCÈRE?

J'AI HORREUR DE LA ROUTINE

TU CONNAIS LE BAISER PAPILLON?

ON Y JOUAIT
DÉJÀ À L'ÉCOLE PRIMAIRE

RESTE DERRIÈRE MOI

DÉPASSE-TOI

AH, LES INTELLECTUELLES !

PAS DE FANTAISIE

J'EN RÊVAIS DEPUIS
SI LONGTEMPS !

C'EST CHOUETTE

**CESSE
DE JOUER
LA COMÉDIE**

**JE SUIS HEUREUSE
D'ÊTRE UNE FEMME**

**TU CONNAIS
LA BROUETTE BULGARE ?**

QUELLE AFFAIRE !

C'EST LE MEILLEUR
DES APÉROS

**JE VAIS ME METTRE
SUR LE VENTRE**

PAS DANS L'OREILLE !

JE N'ARRIVE PLUS
À RESPIRER

J'ÉTOUFFE

ACCROCHE-TOI

METS TA CEINTURE !
ON DÉCOLLE

ATTENTION AU CHAT

C'EST DRÔLE,
JE PENSE TOUJOURS
AU FRIGO
À CE MOMENT-LÀ

CARESSE-MOI
LA BARBE
EN TE CARESSANT

CARESSE-TOI
LA BARBE
EN ME CARESSANT

SERS-TOI DE TA LANGUE

C'EST TOI QUI FAIS
CE BRUIT?

J'AI UNE TENDANCE
SADIQUE

OUVRE LA BOUCHE

TU AS
UN GRAIN DE BEAUTÉ
SUR LE PRÉPUCE

TU ME BAISES BIEN

TU AS LE MORAL

JE N'AI PAS DE MORALE

TU ES MYTHO!

ATTENTION
AU MATELAS!

METS L'OREILLER
SOUS
MES REINS

IL Y A DES MIETTES

TU ES REMONTÉ À BLOC

SI TU ME MORDS
JE TE COGNE

JE NE SUIS PAS MASO

DONNE-MOI LA FESSÉE

PAS
DE SUÇON !

PARLE-MOI
DANS TA LANGUE

CESSE DE RÂLER

TU ES RÉGLÉ
COMME UNE HORLOGE

**IL FAUT TOUJOURS
QUE TU TE PLAIGNES**

PLUS HAUT

PLUS BAS

À DROITE

À GAUCHE

ATTENTION
À TES ONGLES

MERDE !

ATTACHE-MOI

DÉTACHE-MOI

PUNIS-MOI

DIS À TON PERROQUET
DE FERMER SA GUEULE

JE VIENS
JUSTE D'EMMÉNAGER

J'AI L'IMPRESSION
DE REVENIR DE TRÈS LOIN

**TU ÉTAIS SI MIGNONNE
QUAND
TU ÉTAIS PETITE !**

À L'ÉPOQUE
J'AVAIS PEUR DE TOI

TU ES UNE FEMME
LIBÉRÉE

ALLEZ, CIRCULE

TU AS TROUVÉ
MON POINT G

REGARDE, ÇA FUME !

ILS NE S'EMMERDENT PAS
À CÔTÉ !

CE N'EST PAS DE MA FAUTE

JE N'AI PAS PU ME RETENIR

CHICHE!

**RELIS
TON KAMA SUTRA**

JE PRENDS DES COURS
DE YOGA

IL Y A QUELQU'UN
SOUS TON LIT!

QUI EST DANS L'ARMOIRE?

IL Y EN A SUR LE MUR

MON HÉROS!

TU N'ES PAS CIRCONCIS?

TU ES JUIF?

JE VEUX EMBRASSER
TON TATOUAGE

RENTRE OU SORS

JE VIENS

JE DÉCHARGE

J'EXPLOSE

J'IMPLOSE

JE JOUIS

JE GLISSE

J'ÉPROUVE UNE DOUCE EUPHORIE

PLANTE TA PETITE GRAINE

TROMBONE-MOI

TU N'AS ENCORE RIEN VU

J'AI DES REMORDS

OUBLIE TES GRANDS PRINCIPES

TU ES RESTÉ TRÈS PURITAIN

J'AI ENVIE QUE TOUT LE MONDE NOUS VOIE

TU PEUX LES INVITER,
ÇA NE ME DÉRANGE PAS

JE TE VOIS ROUGIR
DANS L'OBSCURITÉ

C'EST FRUSTRANT!

TU ES FRIGIDE?

JE VAIS TE FAIRE
LA TOTALE

J'AI VU DES ÉTOILES

FOUS-MOI

ATTENDS,
JE VAIS TE MONTRER

JE NE SUIS PAS VENUE
POUR DORMIR

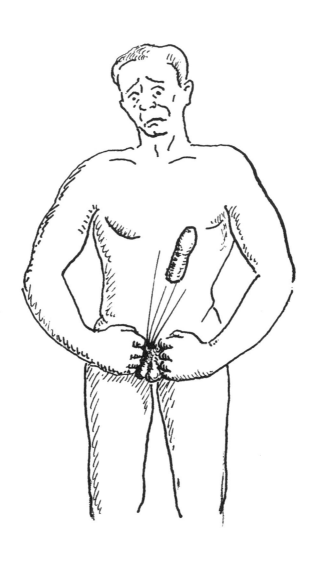

TU AS UN OS QUI DÉPASSE

ALORS, TU L'AIMES
MON CUL?

JE TE REÇOIS
CINQ SUR CINQ

POUR MOI
C'EST ENCORE TOUT NEUF

JE T'AI MIS DU ROUGE
À LÈVRES PARTOUT

TON RIMMEL A COULÉ

J'AI ENVIE
DE FAIRE
DES COCHONNERIES

DIRE QUE JE TE TROUVAIS
TROP BIEN POUR MOI!

JE NE VEUX PAS
MOURIR IDIOTE

**TU ES SALOPE
QUAND MÊME!**

VOILÀ COMMENT
ON DEVIENT
UNE FEMME ADULTÈRE

AH, LA SIESTE!
C'EST LE MEILLEUR
DES APÉROS

**NE ME DIS PAS
QUE
TU ES MINEURE!**

ÉCOUTE CE SILENCE

LA TÉLÉ VIENT
DE SE CASSER LA GUEULE

AH, ÇA FAIT DU BIEN !

NE FAIS PAS LA GUEULE

C'ÉTAIT QUI, SOLANGE ?

TU N'AS PAS CONFIANCE ?

LAISSE-TOI FAIRE

NE TE DÉFENDS PAS

J'AI LE TRAC

TU AS UN BOUTON MAL PLACÉ

JE NE SUIS QU'UN HOMME

TU TE CONDUIS
COMME UN ANIMAL

LE FOUTRE EST BON
POUR LE CUIR CHEVELU

FILE-MOI UNE TREMPE

ENFILE-MOI

TU TE DÉBROUILLES BIEN

JE ME CONDUIS MAL

TU N'AS QU'UN TESTICULE !

ALORS LÀ, CHAPEAU !

JE N'AI PAS COMPRIS

CE SONT DE VRAIES
LARMES ?

TU AS UNE DRÔLE
D'ODEUR

JE NE SUIS PAS FOU
DE CE PARFUM

**BOUCHE-TOI
LE NEZ**

TU N'AS PAS LAISSÉ
LE FOUR ALLUMÉ ?

IL Y A UNE DAUBE DE BŒUF
QUI MIJOTE

TU ME METS L'EAU
À LA BOUCHE

NE SERRE PAS TROP FORT

AVALE
CRACHE

PETITE VILAINE !

TU ME CHERCHES ?

AU CORPS À CORPS
TU N'AS AUCUNE CHANCE

CESSE DE GÉMIR

JE VAIS TE SODOMISER

C'EST
MON PÉCHÉ
MIGNON

J'IRAI ME CONFESSER
DEMAIN
À LA PREMIÈRE HEURE

TU ME TROUVES IDIOTE?

JE SUIS INCAPABLE
DE TE RÉSISTER

TU ES LA PARTENAIRE
IDÉALE

JE SUIS UNE FAUSSE MAIGRE

NE ME DIS PAS
QUE C'EST
LA PREMIÈRE FOIS!

C'EST POUR LA DERNIÈRE
FOIS

TU ES LE PLUS RAPIDE
DE L'OUEST

JE NE FAIS
QUE DES CONNERIES

J'AI UN CHEVEU
SUR LA LANGUE

RETIRE TON PIED
DE L'AVERTISSEUR

GARDE
TON SOUTIEN-GORGE

J'AI BESOIN
D'UNE INFIRMIÈRE

TU ME RAPPELLES
MA NOURRICE

TU AS DÉBLOQUÉ
LE FREIN À MAIN!

DONNE-MOI
L'IMPRESSION
QUE TU PARTICIPES

TU AS UN CORPS
D'ATHLÈTE

RENTRE-MOI DEDANS!

VOLE-MOI
DANS LES PLUMES

TU ES COMPLÈTEMENT
APATHIQUE

**TU AS VRAIMENT
LA TECHNIQUE!**

C'ÉTAIT MIEUX HIER

CE MATIN C'ÉTAIT GÉNIAL

NE ME FAIS PAS RIRE,
ÇA ME REND INAPTE

BAISE-MOI

EMBRASSE-MOI

RECTO
OU
VERSO ?

VAGINALE OU CLITO?

OÙ SONT TES COUILLES?

À TES AMOURS!

OUBLIONS LE RESTE

JE NE SAIS PLUS
OÙ J'EN ÉTAIS

ALLONS SOUS LA DOUCHE

TU ES MON TYPE
DE FEMME

BOURRE-MOI

SONNE LA CHARGE

OLÉ!

OUH LÀ !

TU N'ES PAS ASSEZ
AMOUREUX

JE ME SENS UNE ÂME
DE MIDINETTE

ÇA ME BRÛLE

HOT STUFF !

ÇA ME GRATTE

TU AS FROID?

TU ES
LE GENRE D'HOMME
QUI ME FERAIT FAIRE
N'IMPORTE QUOI

TU ES BIEN UNE FILLE D'ÈVE

TON CORPS ÉVOQUE
LA LUXURE

TU ES MON MEC !

TU AS UN JULES ?

SANS BLAGUE,
TU ES CURÉ ?

J'AI MAUVAISE CONSCIENCE

NE ME TENTE PAS

DÉCIDE-TOI

TU ES UN CHAUD LAPIN !

TU METS DU PIMENT
DANS MA VIE

**TIENS
MES BOULES**

TU POINTES OU TU TIRES ?

LÂCHE-MOI LA GRAPPE !

TU ES COUREUR ?

TES MENSURATIONS
ME CONVIENNENT
PARFAITEMENT

J'AI TROP CHAUD

**À
LA COSAQUE !**

TU AS DE LA FIÈVRE

TU GRELOTTES

JE DÉGOULINE

TU EN ES RESTÉ
AU STADE ANAL

QU'EST-CE QUI T'ANGOISSE?

J'AI PISSÉ

TU DEVRAIS
FAIRE UNE ANALYSE

SALE
VOYEUR!

TU ME CHATOUILLES

DONNE-MOI TA SALIVE

DONNE-MOI TON SPERME

MON AMANT!

TU ME RENDS HEUREUSE

RESTE DEBOUT

TU AS LU HISTOIRE D'O?

JE ME SUIS DÉPUCELÉE
TOUTE SEULE

J'AI CONNU BEAUCOUP
D'HOMMES

IL FAUT QUE TU
TE LES FARCISSES TOUTES?

TU CROIS QU'ON DEVRAIT
CONSULTER
UN SEXOLOGUE?

**TU TE LAISSES
SOUVENT SAUTER
PAR LE PREMIER VENU?**

JE SUIS RESTÉE
UNE VRAIE JEUNE FILLE

OÙ EST TA BAGUETTE
MAGIQUE?

**ELLE EST MIGNONNE
TA TOUFFE**

**TU AS UN TABLIER
DE FORGERON**

ON DIRAIT
DES PERLES DE ROSÉE

J'AI LES POILS HÉRISSÉS

ÇA **MOUSSE!**

J'AI EU UN FLASH !

TU NE ME TROUVES PAS TROP JEUNE ?

JE NE SUIS PAS TROP VIEUX ?

JE ME SENS SI VIEILLE !

OÙ SONT LES KLEENEX ?

CENSURÉ !

C'ÉTAIT COMMENT CHEZ LES BONNES SŒURS ?

IL Y AVAIT DES ATTOUCHEMENTS AU DORTOIR ?

TU N'ES QU'UN ENFANT DE CHŒUR !

JE NE SUIS PAS CELLE
QUE TU CROIS

ALORS,
COMMENT TU TROUVES
TA NUIT DE NOCES?

À PROPOS, ILS ONT VENDU
LA BOUTIQUE
EN BAS DE LA RUE

J'AI VU LE LIVRET
DU PETIT, IL A DES NOTES
ÉPOUVANTABLES

**J'AI VU LE MANTEAU
DE FOURRURE
DE MES RÊVES**

COMBIEN ÇA VAUT
UN COLLIER
COMME CELUI-LÀ?

ELLE REDRESSE LA TÊTE

J'AI UN FAIBLE
POUR LA FELLATION

CAMBRE-TOI,
ÇA ME FACILITE L'ENTRÉE

**J'ADORE QUAND
TU PRENDS
DES
INITIATIVES**

C'EST MA SPÉCIALITÉ

COMBIEN TU PRENDS?

TU COUCHES AVEC ELLE?

PASSE À L'ÉTAPE SUIVANTE

ENVOIE-MOI EN L'AIR

MIAOU!

QUEL BORDEL!

TU AS UN REGARD
LUBRIQUE

JE SUIS EN RUT

TU AS UN GOÛT DE PÉCHÉ

TES NICHONS
ME FONT DE L'ŒIL

J'AI LES MAMELONS
GONFLÉS

TES POINTES
DE SEINS
DURCISSENT
SOUS MES DOIGTS

TU AS UN CHÂSSIS DE LUXE

TU ME DÉFIES?

FOUILLE-MOI À FOND

JUSQU'À L'OS

JE SUIS COMBLÉE

LE TAXI ATTEND

TU PRÉFÈRES
QUE JE RESTE?

CATASTROPHE!

C'EST LE MONT CHAUVE

IL FAUT QUE J'AILLE
AUX TOILETTES

TU PEUX PÉTER,
ÇA NE ME DÉRANGE PAS

TU ES QUI ?

COMMENT TU T'APPELLES ?

TU RESTES AU PORTILLON

J'AI BESOIN
D'ÊTRE STIMULÉ

J'ENTRETIENS MA LIBIDO

PAS DE REPOS
POUR LES BRAVES

JE SUIS ENCORE
DANS LE CIRAGE

ZUT !

MON RENDEZ-VOUS DE ONZE HEURES !

J'AIME PASSER
LES DOIGTS
DANS TA FOURRURE

JE ME PERDS
DANS TA FORÊT VIERGE

MON CORPS TE RÉCLAME

J'AI HONTE

QUI EST-CE ?

TU CROIS QU'ON
NOUS ENTEND ?

JE NE COMPRENDS PAS

OUVRE
LA BOUCHE

COINCE-LA SOUS L'AISSELLE

TU CACHAIS BIEN TON JEU

SALOPE !
QUI T'A FAIT **ÇA ?**

CHANGE DE POSITION

TU AS DÉMOLI LE SOMMIER

LE LIT EST FOUTU

JE VOUDRAIS EMPORTER
UNE PIÈCE
DE TON LINGE INTIME
COMME SOUVENIR

JE PEUX DIRE ADIEU
À MA ROBE

OH LÀ LÀ, MA TÊTE !

OUILLE, MON CUL!

JE TE CHOQUE?

TU ROUGIS
COMME UNE ROSIÈRE

DÉVERGONDE-MOI

ÉPARGNE-MOI
TES GROSSIÈRETÉS

TU M'EN VEUX?

SERRE-MOI
PLUS FORT

LÂCHE-MOI

TUE-MOI

JE TE DÉTESTE !

DIS-LUI DE VENIR

APPELLE-LA

JE TRIQUE

TU BANDES

FOUETTE-MOI

MORDILLE-MOI
LES SEINS

DONNE-MOI LA TÉTÉE

RECULE UN PEU

AVANCE DE QUELQUES
CENTIMÈTRES

JE VEUX BIEN COPULER
AVEC TOI
MAIS C'EST TOUT

J'AI L'INTENTION
DE TE QUITTER

JE TRAVAILLE
DANS UN PEEP-SHOW

JE SUIS SÉROPOSITIVE

JE SUIS LE SERIAL KILLER
DONT TU PARLAIS
TOUT À L'HEURE

JE MANQUE DE LUBRIFIANT

TOUT BAIGNE

TU ES RESTÉE NATURE

**QUELLE
SPLENDIDE
ÉREC-
TION !**

JE SUIS TOUT ÉMOUSTILLÉE

PAS TROP DE HÂTE

DÉCONTRACTE-TOI

JE NE SUIS PAS JALOUSE

SOURIS

TU AS L' AIR MORTE

NE T'EN VA PAS ENCORE

TU ME RENDS FOLLE

JE SUIS **GAGA**

ON S'ENTEND BIEN
PHYSIQUEMENT

L'AMOUR PLATONIQUE,
TRÈS PEU POUR MOI!

FINIS-TOI TOUT SEUL

ÉPOUSE-MOI

DIVORCE

JE SUIS VEUVE

IL FAIT JOUR!

IL FAIT NUIT!

DÉBARRASSE-MOI
DE LUI !

TUE-LA !

ÉTONNE-MOI

JE TE RECONNAÎTRAIS
DANS LE NOIR

TON SPERME
A UN GOÛT D'AMANDE

À QUOI TU PENSES ?

TU RÊVES ?

JE SUIS KO

JE DEMANDE GRÂCE

ALLEZ, ON REMET **ÇA**

TU AS ROUVERT MA PLAIE

CONTINUE

SI TU BOUGEAIS UN PEU?

JE VAIS M'ÉVANOUIR

IL N'Y A PAS D'HYMEN
QUI TIENNE!

TU N'ÉJACULES JAMAIS?

**TU M'ÉCRASES
LES SEINS,
LE VENTRE,
LES COUILLES**

ENCORE!

PAR L'AUTRE
PORTE

TA POINTE EST ÉMOUSSÉE

TU MANQUES DE RIGIDITÉ

COMME TU ES SENSUEL!

MERCI

SURPRISE!!!

TU N'AS PAS VU
MA BAGUE?

J'AI PERDU UNE BOUCLE
D'OREILLE

À QUOI TU JOUES?

POUCE

JE NE JOUE PLUS

TU AS LA TOISON
TOUT HUMIDE

TU AS FAIT TON TEST?

OH
**QUEL BEAU
MEMBRE!**

TU FAIS SEMBLANT

C'EST QUOI, **ÇA ?**

C'EST UN POIL DE CUL

TU ES ENRAGÉE

IL Y A UN CAFARD
SUR LE MUR

**IL Y A DES PUCES
DANS TON LIT**

JE SUIS COMME
UNE CHIENNE

IL Y A QUAND MÊME
DES LIMITES À RESPECTER

NE GASPILLE PAS TA SALIVE

AIDE-MOI

DEUX SECONDES
TU ES DRÔLE

TU AS UNE ODEUR ÉPICÉE

NE ME TOUCHE PAS

TOUCHE-MOI

JE SUIS VIERGE

TU ES PUCEAU ?

COMMENT TU FAIS
POUR GARDER
LES MAINS SI CHAUDES

TRIPOTE-MOI

ELLE EST **ÉNORME!**

PAUVRE
PETITE CHOSE

TA PEAU EST LISSE

JE NE SUIS PAS
UNE MACHINE

TU CROIS QU'ON FAIT
UNE BÊTISE?

DE PRÈS, **TON VISAGE**
N'EST PLUS LE MÊME

ELLE GOUTTE

ÇA COULE

TU AS LE NEZ GLACÉ

JE TE FAIS DE L'EFFET?

QU'EST-CE QUE TU PRÉFÈRES
EN MOI?

FERME LA LUMIÈRE

ALLUME
LA LAMPE

N'AIE PAS PEUR

TU ATTENDS QUELQU'UN ?

MAIS TU ES BRUNE !

JE SUIS BONNE
POUR LES PIPES

ENFONCE-LA BIEN

TU ES MALADE ?

POURQUOI TU RIGOLES ?

POUR TOI CE N'EST
QU'UNE AVENTURE ?

TU AIMES LA BAGATELLE ?

COMME TU AS
L'AIR TRISTE !

JE DOIS ÊTRE RIDICULE

PRENDS-MOI

NE ME REPOUSSE PAS

TU SAIGNES !

C'EST QUAND MÊME
UNE BELLE HISTOIRE
D'AMOUR

C'EST BON ?

JE SUIS À TOI

TU M'APPARTIENS

JE SUIS

TA CHOSE

TU AS UNE PIERRE
PRÉCIEUSE
DANS LE NOMBRIL

J'AIME SENTIR
LE JET

JE SUIS EN FIN DE CYCLE

QUI T'A FAIT CES BLEUS?

JE N'AIME PAS ÇA

ÔTE TON TAMPON

NE REGARDE PAS

MAINTENANT!

J'AI FINI

REMUE TA VIANDE

**ATTENDS,
JE VAIS
TE MONTRER...**

VIDE TON SAC

TU SENS
LA CHAIR FRAÎCHE

TENDS LES LÈVRES

CARESSE-MOI

C'EST MA FÊTE

N'ANALYSE PAS, RÊVE

ON A JUSTE LE TEMPS

TIENS,
LE NÉON DE L'ENSEIGNE
VIENT DE S'ÉTEINDRE

J'AI HONTE
DE MA PEAU ROSE
PLEINE DE ROUGEURS

**QUELLE SPLENDEUR
TA PEAU NOIRE !**

AVEC TROIS DOIGTS,
S'IL TE PLAÎT

AH, TON ODEUR !

LAISSE-MOI VOIR

CHÉRI !

AH !

OH !

OUI, OUI !

MMMHHH...

MON AMOUR !

PELOTE-MOI

TÂTE-MOI LES COUILLES

TU TE DROGUES ?

JE SENS LE TABAC ?

ENFONCE-LA PLUS PROFOND

TU AS LA CLASSE

JE TE DÉGOÛTE ?

TU ME RAMONES BIEN

TU SENS L'ALCOOL

**TU PUES LE VIN,
L'AIL, LA SARDINE**

ÇA SENT L'AMOUR

DÉCONNE PAS

C'EST JUSTE UNE ALLERGIE

TU AS LA TÊTE AILLEURS

SOIS VULGAIRE

BRAVO!

BIS!

J'AI LA CHAIR DE POULE

OH, MERDE !

C'EST MIEUX COMME ÇA ?

TU ES DÉCHAÎNÉE

TU IGNORES TOUT
DU LIBERTINAGE

JE NE PENSE QU'À ÇA !

NE BOUGE PLUS

**LAISSE-TOI
ALLER**

C'EST MIEUX QUAND
TU TE MASTURBES ?

J'AI DE LA NEIGE
SUR LES BURNES

PÈRE LA PUDEUR !

TU AS UNE BOUCHE
DE PIPEUSE

NE FAIS PAS
CASSE-NOISETTES

UN VRAI VOLCAN !

ON RESTERA AMIS ?

NE ME QUITTE PAS

FINALEMENT
C'EST MOI LA POIRE

TU AS
UN AIR COQUIN

ENCULE-MOI

ON DIRAIT
QUE ÇA T'ENNUIE ?

TU
M'INSPIRES

LE DRAP EST TREMPÉ

J'AI PERDU MA CAPOTE

TU T'ES FAIT MAL ?

RETIENS-TOI

TU TIENS LA FORME !

TU ES CHAMPION

TU M'AS MISE
EN COMPOTE

J'AIME
TA QUEUE,
TA BITE,
TA PINE,
TON PÉNIS,
TA VERGE,
TON
PHALLUS

J'AIME
TON CON,
TA MOTTE,
TA CHATTE,
TA FENTE,
TES
LÈVRES

**TU VERRAS, JE VAUX
MIEUX QU'UN HOMME**

TU ES DOUX COMME
UNE FEMME

**J'AI FINI LE TUBE
DE VASELINE**

IL N'Y A PLUS DE BEURRE

TU M'INTIMIDES

IL Y A UNE CHOSE
QUE TU DOIS SAVOIR...

CHANGE DE VITESSE

JE SUIS AU POINT MORT

**ÇA NE ME FAIT
NI CHAUD NI FROID**

C'EST PUREMENT
MÉCANIQUE

JE TE SENS VENIR

TA LIQUEUR SÉMINALE
ARROSE LA MOQUETTE

TES COUILLES
SONT TOUTES RIDÉES

QUELLE POSTURE
ÉTRANGE !

J'ESCALADE
LE MONT
DE VÉNUS

BÉCOTE MES NÉNÉS

BITTE SHÖN ?

TU AS EU
UNE CÉSARIENNE?

**D'OÙ VIENT CETTE TRACE
SUR TON COU?**

TU M'AS GRIFFÉ

JE VIENS DE PRENDRE
TON COUDE
DANS L'ŒIL

NON!!!

JE NE SUPPORTE PAS
LES CAPRICES

SOIS DOCILE

PAS QUESTION

TIENS, TU PORTES
UNE CHAÎNE?

PRENDS-MOI EN LEVRETTE

AVEC DÉLICATESSE

JE
TE PLAINS

JE
T'ADMIRE

J'AIME TES BOURRELETS

TU AS EU UN ACCIDENT?

TU AS ÉTÉ OPÉRÉE?

TU M'ÉTRANGLES!

JE
VAIS
ME
GLISSER
ENTRE
VOUS

L'UNE ICI,   L'AUTRE LÀ

DÉSHABILLE-LA

ENLACE-LA

FAIS-LUI MINETTE

PAUVRE TYPE

INTRODUIS-MOI

PAUVRE CONNE

DU BOUT DES LÈVRES

DÉCALOTTE LE GLAND

C'EST DU PRIAPISME

COMME
TES PETITES LÈVRES
SONT
GRANDES !

TU M'EN FAIS VOIR
DE TOUTES LES COULEURS

PRENDS MA PLACE

**TU AS JUSTE
LE NEZ DESSUS**

N'APPUIE PAS TROP FORT

C'EST ENFLAMMÉ

C'EST TOUT IRRITÉ

PAS POSSIBLE !

POUSSE TON CUL

TU ES SPÉCIAL

J'AI LE CŒUR QUI BAT

TU ME DONNES
DE LA TACHYCARDIE

NE CRAINS RIEN,
JE SUIS ENCEINTE

J'AI PERDU
LA NOTION DU TEMPS

**TU ÉLARGIS
MON CHAMP
DE RECHERCHE**

**POUR TOI,
CE N'EST
QU'UNE PARTIE
DE JAMBES EN L'AIR**

PEU M'IMPORTE
QUE TU SOIS
UNE RICHE HÉRITIÈRE

CRÈVE MA MEMBRANE

OÙ TU AS PRIS
CE BRONZAGE?

J'AI DU SABLE
DANS LA RAIE DES FESSES

TU VEUX VOIR
MA LIGNE DE CŒUR?

**JE REMONTE
À TA SOURCE**

MA TÊTE COGNE
CONTRE LE MUR

TU CACHAIS BIEN TON JEU

IL Y EN A UNE
COMME ÇA
AU MUSÉE DE L'HOMME

**TU PENSES
À MOI QUAND
TU ES SEUL?**

LA TOILE CIRÉE
ME COLLE AUX FESSES

TIENS BON LA BARRE

UNE BESTIOLE M'A PIQUÉ

TU AS DE LA PAILLE
DANS LES CHEVEUX

J'EN AI PLEIN LES BOTTES

J'EN AI RAS LE BOL

JE TE PRÉFÈRE
AVEC TES LUNETTES

J'AI PERDU
UN VERRE DE CONTACT

C'EST MERVEILLEUX !

MON
GROS
COUILLON !

J'AI EU CINQ ORGASMES
COUP SUR COUP

J'AI BESOIN D'AMOUR

JE RÊVE D'ORGIES

JE VAIS ENTRER DANS UNE PÉRIODE D'ABSTINENCE

À LA PARESSEUSE?

C'EST MON FANTASME

JE VAIS TE MONTRER QUELQUE CHOSE

RÉVEILLE-**TOI**

TU AS DÉJÀ PARTICIPÉ À UNE PARTOUZE?

JE NE SAIS PAS REFUSER

ON M'A FAIT CADEAU D'UN TRUC MARRANT

MON VIBRATEUR EST
DANS LE TIROIR

**MASSE-MOI
DOUCEMENT**

TU ES NYMPHO!

J'ARRIVE
À
L'EXTASE

TU TE SERS
D'UN GODEMICHET?

JE ME SUIS FAIT REFAIRE
LE NEZ

TU AS LA PAUPIÈRE
QUI SAUTE

J'APPARTIENS
À UNE SECTE ÉROTIQUE

J'AI UN ŒIL DE VERRE

J'AIME
LES GROS BOUTS
ROSES

JE N'AI PAS LE DROIT
D'AVOIR DES RAPPORTS

D'HABITUDE
JE SUIS FIDÈLE

MON GYNÉCO
VA ME SONNER
LES CLOCHES

JE VAIS ROMPRE

C'EST QUOI CETTE LUBIE?

IL NE FAUT PAS
M'EN VOULOIR

J'AI DES PERTES

IL Y A DES SÉCRÉTIONS

C'EST L' INONDATION

IL RESTE
DU CHAMPAGNE?

**C'EST LE LIT QUI
GRINCE
?**

J'AI DES SPASMES

TU ES DRÔLEMENT
SOUPLE

JE SUIS CONTORSIONNISTE

MON
GROS
NOUNOURS!

MA PETITE
POUPÉE
EN SUCRE !

JE NE VEUX PAS MOURIR !

JE N'AI QUE TOI
AU MONDE

NE PENSONS
QU'À
NOUS

JE ME FICHE
DES AUTRES

TU ME FAIS PENSER
À LA VÉNUS DU TITIEN

TREMPE TA MOUILLETTE

TU REGARDES
LES FILMS PORNOS?

J'AI POSÉ
POUR DES PHOTOS
DE CHARME

C'EST
UNE
LONGUE
HISTOIRE

JE N'AI PAS ENVIE
D'EN PARLER

TU AS DE L'ASTHME?

JE SUIS IMPUISSANT

PENSE
À
DES COCHONNERIES,

**IL DOIT BIEN
Y AVOIR DES CHOSES
QUI T'EXCITENT ?**

ÇA REVIENDRA

QUAND DOIS-TU
T'EN ALLER ?

JE SUIS EMBÊTÉ
POUR MARCEL

**TOI AUSSI
TU ES COCU**

TU ME LA COUPES

**J'AIME BIEN FAIRE
LA BÊTE À DEUX DOS**

TU M'EXASPÈRES
AVEC
TON CHEWING-GUM

LAISSE-MOI
PRESSER
TES POINTS
NOIRS

TU PENSES
À QUELQU'UN D'AUTRE

**MON PRÉSERVATIF
EST CREVÉ**

TU PERDS TON FRIC

TIENS, IL PLEUT

UNE FILLE COMME TOI
NE PEUT PAS RESTER
SECRÉTAIRE!

TU ME DONNERAS
UN RÔLE
DANS TON FILM?

JE NE PRENDS PLUS
LA PILULE

TU RESPIRES FORT

TU DÉBLOQUES!

TIENS-MOI
SOUS LES FESSES

DONNE-MOI DES CLAQUES

AH,
MON DIEU !

NE CHANGE RIEN

DIRE QUE
JE TE TROUVAIS
IMBAISABLE !

ON IRA À VENISE
ENSEMBLE ?

TU NE ME MÈNES PAS
EN BATEAU ?

TU VEUX QUE
JE TE FASSE UN DESSIN ?

NE RALENTIS PAS

JE SENS TON STÉRILET

ENFONCE TON DARD

**TU N'ÉJACULES
JAMAIS ?**

JE N'AI ÉPROUVÉ
AUCUN PLAISIR

TU EXALTES
MES BAS INSTINCTS

TU CROIS QUE C'EST
JUSTE L'INSTINCT
DE REPRODUCTION ?

J'AI PEUR DE **LA MORT**

J'AI PEUR DE VIEILLIR

LAISSE-MOI SOUFFLER

ON NE PEUT PAS
CONTINUER COMME ÇA

**TU ME DONNES
DES COMPLEXES**

NE GÂCHE PAS TOUT

MON DÉODORANT
M' A LÂCHÉ

**JE SAIS BIEN
QUE TU N'EXISTES PAS**

JE FAIS
UN RÊVE ÉROTIQUE

**TA VERGE
A UN
GOÛT
DE
BANANE**

AVEC MON MARI
ON SE DIT TOUT

CONTRÔLE-TOI

VIENS SOUS LE DRAP

TU AS LE FEU AU CUL

FAIS-MOI
PÉTALE DE ROSE

RETROUSSE-MOI

DÉFAIS
TES JARRETELLES

À QUATRE PATTES !

C'EST TRÈS PUR

JE ME SENS SALE

TU ES VRAIMENT
HYPOCRITE

J'AI UN TROISIÈME SEIN

J'AI DE LA CELLULITE

TU VEUX QUE
JE TE
GAMAHUCHE?

JE PEUX TE FAIRE OBTENIR
UNE AUGMENTATION

TU ES MA DÉESSE

ON EST
DANS LA MERDE!

ON FORME
UN BEAU COUPLE

C'EST QUOI
CE TATOUAGE?

TU ES UNE FILLE GENTILLE

AH, LA GARCE!

LE MARIAGE
EST CONSOMMÉ

HOLA!

TU NE VAS PAS ME FAIRE
UN INFARCTUS!

EH BEN MON SALAUD!

JE TE DÉGOÛTE?

C'EST DU NANAN

JE VAIS TE DRESSER

TU AS UN SÉRIEUX
PROBLÈME

NE TE PRENDS PAS LA TÊTE

**SUFFIT
LES GRANDS
DISCOURS
À LA MORDS-
MOI-
LE-NŒUD**

MÉNAGE MA PUDEUR

JE SUIS EN ÉQUILIBRE
INSTABLE

JE DISJONCTE

TU ES BLEU

FAIS-MOI BOUM-BOUM

TU ÉPROUVES QUOI, POUR MOI ?

TU DOIS ME PRENDRE
POUR UNE FEMME FACILE

TOI ET MOI,
C'EST POUR
TOUJOURS

ON EST DU MÊME BORD

SI TU ME QUITTES,
JE TE TUE

SI TU ME QUITTES,
J'EN MOURRAI

OUBLIE-MOI

Achevé d'imprimer
en février 1998
sur les presses de **Bussière Camedan Imprimeries**
à Saint-Amand-Montrond
N° d'impression : 98921/1
Imprimé en France